Integrado
EM FAMÍLIA

3 EDUCAÇÃO INFANTIL

APRESENTAÇÃO

É preciso uma aldeia para se educar uma criança.

Provérbio africano.

A educação de uma criança é um processo que envolve a família, a escola e toda a sociedade. Trata-se de uma responsabilidade compartilhada por todos nós.

Sabemos que na primeira infância, período que vai do nascimento até os 6 anos de idade, é construído o alicerce para a vida adulta.

Aos pais e demais cuidadores da criança, impõe-se a difícil tarefa de fazer escolhas ao longo desse processo de desenvolvimento, as quais precisam estar permeadas de responsabilidade, amor, criatividade e uma pitada de bom humor.

Buscando fortalecer a parceria entre escola e família, a Coleção Mitanga oferece o *Mitanga em família*, um caderno lúdico e, ao mesmo tempo, informativo, que busca disponibilizar aos pais e demais familiares uma aproximação de temas interessantes e atuais que estão ligados à primeira infância.

Além de textos e atividades para desenvolver com a criança, o material contém sugestões de livros, documentários, filmes e músicas. Também estão reservados, para cada tema abordado, espaços para escrever relatos, colar fotos, desenhar e pintar.

Este material é, portanto, uma obra inacabada e um convite para que os responsáveis pela criança interajam com o assunto e ajudem a construir uma agradável lembrança desta fase tão importante da vida humana.

Acompanhar o processo de desenvolvimento de uma criança é uma tarefa muito empolgante para todos que estão a seu redor. Cada criança é um ser humano único, com sua forma particular de ser e de compreender o mundo social em que vive. Esperamos que as informações e sugestões apresentadas nesta publicação sejam um instrumento de reflexão que contribua para o fortalecimento do vínculo entre pais e filhos, enriquecendo o trabalho desenvolvido no ambiente escolar.

SUMÁRIO

1. Base Nacional Comum Curricular .... **5** e **6**
2. O desenvolvimento da criança .... **7** a **10**
3. A importância do brincar .... **11** a **14**
4. Pequenos cientistas .... **15** a **18**
5. Um dia diferente .... **19** a **22**
6. Alfabetização e letramento .... **23** a **26**
7. Educação financeira e sustentabilidade .... **27** a **30**

Reflexão final **31**

Mensagem final dos pais **32**

1 BASE NACIONAL COMUM CURRICULAR

▶ Afinal, o que é a BNCC?

É um documento que define as aprendizagens essenciais que todos os alunos devem desenvolver ao longo das etapas e modalidades da Educação Básica, de modo que tenham assegurados seus direitos de aprendizagem e desenvolvimento, em conformidade com o que preceitua o Plano Nacional de Educação (PNE). Com a homologação desse documento, o Brasil inicia uma nova era na educação e se alinha aos melhores e mais qualificados sistemas educacionais do mundo.

A BNCC foca no desenvolvimento de **competências**, por meio da indicação clara do que os alunos devem "saber" e, sobretudo, do que devem "saber fazer" para resolver as demandas complexas da vida cotidiana, do pleno exercício da cidadania e do mundo do trabalho. Além disso, explicita seu compromisso com a **educação integral**, que visa construir processos educativos que promovam aprendizagens alinhadas às necessidades, possibilidades e interesses dos estudantes, bem como aos desafios da sociedade atual.

> No novo cenário mundial, reconhecer-se em seu contexto histórico e cultural, comunicar-se, ser criativo, analítico-crítico, participativo, aberto ao novo, colaborativo, resiliente, produtivo e responsável requer muito mais do que o acúmulo de informações. Requer o desenvolvimento de competências para aprender a aprender, saber lidar com a informação cada vez mais disponível, atuar com discernimento e responsabilidade nos contextos das culturas digitais, aplicar conhecimentos para resolver problemas, ter autonomia para tomar decisões, ser proativo para identificar os dados de uma situação e buscar soluções, conviver e aprender com as diferenças e as diversidades.
>
> BRASIL. Ministério da Educação. *Base Nacional Comum Curricular*. Brasília, DF: Ministério da Educação, 2018. p. 14.

Quais são os 6 direitos de aprendizagem e desenvolvimento?

EDUCAÇÃO INFANTIL

Conviver • Brincar • Participar • Explorar • Expressar • Conhecer-se

PRINCIPAIS APRENDIZAGENS PARA A EDUCAÇÃO INFANTIL

Campo: O eu, o outro e o nós
- Respeitar e expressar sentimentos e emoções.
- Atuar em grupo e demonstrar interesse em construir novas relações, respeitando a diversidade e solidarizando-se com os outros.
- Conhecer e respeitar regras de convívio social, manifestando respeito pelo outro.

Campo: Corpo, gestos e movimentos
- Reconhecer a importância de ações e situações do cotidiano que contribuem para o cuidado de sua saúde e a manutenção de ambientes saudáveis.
- Apresentar autonomia nas práticas de higiene, alimentação, vestir-se e no cuidado com seu bem-estar, valorizando o próprio corpo.
- Utilizar o corpo intencionalmente (com criatividade, controle e adequação) como instrumento de interação com o outro e com o meio.
- Coordenar suas habilidades manuais.

Campo: Traços, sons, cores e formas
- Discriminar os diferentes tipos de sons e ritmos e interagir com a música, percebendo-a como forma de expressão individual e coletiva.
- Expressar-se por meio das artes visuais, utilizando diferentes materiais.
- Relacionar-se com o outro empregando gestos, palavras, brincadeiras, jogos, imitações, observações e expressão corporal.

Campo: Espaços, tempos, quantidades, relações e transformações
- Identificar, nomear adequadamente e comparar as propriedades dos objetos, estabelecendo relações entre eles.
- Interagir com o meio ambiente e com fenômenos naturais ou artificiais, demonstrando curiosidade e cuidado com relação a eles.
- Utilizar vocabulário relativo às noções de grandeza (maior, menor, igual etc.), espaço (dentro e fora) e medidas (comprido, curto, grosso, fino) como meio de comunicação de suas experiências.
- Utilizar unidades de medida (dia e noite; dias, semanas, meses e ano) e noções de tempo (presente, passado e futuro; antes, agora e depois), para responder a necessidades e questões do cotidiano.
- Identificar e registrar quantidades por meio de diferentes formas de representação (contagens, desenhos, símbolos, escrita de números, organização de gráficos básicos etc.).

Campo: Escuta, fala, pensamento e imaginação
- Expressar ideias, desejos e sentimentos em distintas situações de interação, por diferentes meios.
- Argumentar e relatar fatos oralmente, em sequência temporal e causal, organizando e adequando sua fala ao contexto em que é produzida.
- Ouvir, compreender, contar, recontar e criar narrativas.
- Conhecer diferentes gêneros e portadores textuais, demonstrando compreensão da função social da escrita e reconhecendo a leitura como fonte de prazer e informação.

BRASIL. Ministério da Educação. Base Nacional Comum Curricular. Brasília, DF: Ministério da Educação, 2018. p. 54-55.

2 O DESENVOLVIMENTO DA CRIANÇA

Mais um ano se passou e seu pequeno está cada dia mais crescido. A passagem do tempo, pouco a pouco, está deixando de ser um mistério para ele, que começa a entender o que é ontem, hoje e amanhã.

Seu desenvolvimento continua dando sinais de progresso constante. Com sua independência e controle emocional, acaba por entender e aceitar os comandos dos pais, diminuindo bastante a ocorrência de "birras". As crianças são falantes, curiosas e muito imaginativas.

Estimular o diálogo e criar momentos para que seu filho compartilhe com você suas vivências é muito importante. Isso permitirá que ele se sinta acolhido e motivado para contar algo todas as vezes que sentir vontade.

A fase da alfabetização e letramento também começa nesse período. É importante que os pais não fiquem ansiosos pelo momento em que seus filhos começarão a ler e escrever; essa etapa ocorrerá de forma gradual. Desse modo, salientamos aos pais que não os comparem a outras crianças, respeitem os limites individuais de cada um, valorizem as conquistas, encorajem seus filhos a fazer novas descobertas, estimulem a curiosidade (que é fértil nessa fase), valorizem o modo pelo qual eles pensam e compreendem o mundo, respeitem o tempo da criança para brincar, aprender, descobrir e se desenvolver de forma integral.

Petrychenko Anton/Shutterstock.com

Crianças de 5 a 6 anos

Desenvolvimento esperado

▼ Falar fluentemente, utilizando corretamente os tempos verbais, pronomes e o plural.
▼ Ter capacidade de memorizar histórias, repeti-las e recontá-las a seu modo.
▼ Compreender conceitos de tempo como **ontem**, **amanhã**, **antes** e **depois**, além dos dias da semana.
▼ Aumentar a capacidade de esperar por sua vez.
▼ Ser capaz de conviver com seus pares.
▼ Ser solidário.
▼ Ter mais autonomia em suas atividades diárias.
▼ Praticar esportes coletivos, que contribuem para o processo de socialização.
▼ Aumentar, gradativamente, as responsabilidades com seus cuidados pessoais.
▼ Auxiliar em tarefas de casa simples, quando requisitado.
▼ Participar de brincadeiras criativas individual ou coletivamente.
▼ Praticar atividades orais, como relatos, em que ela possa contar como foi seu dia, suas férias etc.
▼ Desenvolver o ato de ouvir com atenção e interesse a fala de colegas e adultos.
▼ Vivenciar passeios, excursões e viagens (com a família ou com a escola) retirando delas vivências significativas de aprendizagem.

Tempo livre e silêncio: o poder do ócio na vida das crianças

A importância de saber não fazer nada em uma sociedade que cada vez mais exige que façamos tudo. O tempo todo.

[...]

"Quando nada acontece, há um milagre que não estamos vendo".

Guimarães Rosa diz isso no livro *Grande Sertão: Veredas*, e faz pensar sobre o valor do "nada" como elemento de contemplação e entendimento do mundo.

Assim como os adultos, as crianças também recebem cada vez mais estímulos e informações a todo momento; com isso, elas ficam expostas a situações em que devem desempenhar algum papel. Os momentos livres de qualquer aprendizado ou finalidade são cada vez mais raros.

Ao apresentar aos pequenos mais opções de atividades do que eles podem absorver, acabamos privando sua liberdade de ser [...]. Mais do que encher os pequenos de mais estímulos e informações além dos que eles já recebem do mundo, por que não oferecer momentos de silêncio, experiências afetivas e memórias?

Brincar × Consumir

Dissociar a brincadeira do consumo é mais difícil do que parece; em um sistema capitalista, o conceito de experiência está diretamente ligado ao ato de consumir.

Para Gabriela Romeu, jornalista, pesquisadora e idealizadora do projeto "Infâncias", mais do que tentar ignorar essa realidade com a qual a criança terá contato mais cedo ou mais tarde, o importante é atribuir valores ao que consumimos para que aquilo se torne uma experiência.

"Vivemos em uma sociedade de consumo, e consumir não é errado, desde que ele seja significado. A nossa sociedade acredita que a criança precisa do brinquedo pronto, e existe toda uma indústria em torno disso. Na verdade, o que a criança precisa é de tempo e espaço: o resto ela inventa", explica.

Para Gabriela, o consumo tira a possibilidade de a criança vivenciar a infância, já que esvazia experiências de descobertas que ela só teria caso fosse exposta a momentos de brincadeira livre, espaço e tempo de explorar o mundo, seu corpo e suas sensações por si própria.

Como ter mais tempo quando ninguém tem tempo?

O acesso ao tempo é uma discussão fundamental nessa conversa. A realidade de muitas famílias, que trabalham o dia todo para garantir o sustento dos filhos, nem sempre permite que esse "tempo e espaço" possa ser colocado em prática.

Da mesma forma, nos ambientes de ensino, a lógica do desempenho e do aprender escolarizado não proporciona esses "espaços em branco" de que estamos falando, tão necessários para a criança ser em liberdade.

O caminho para isso é conquistar o tempo, mesmo que seja um pouco por dia: pode ser um olho no olho entre pai e filho antes de dormir, um passeio ao ar livre sem rumo certo, deitar na grama, aproveitar a companhia um do outro em silêncio. [...]

Como poupar as crianças dos males do nosso tempo?

Para a professora italiana Chiara Spaggiari, o caminho é mais simples do que parece: o mínimo de interferência dos adultos para o máximo de liberdade de ser criança. "A criança precisa ser deixada livre para observar, escolher, se aproximar e se afastar, e experimentar o mundo de diversos modos".

[...].

TEMPO livre [...]. *Lunetas*, São Paulo, 21 out. 2016. Disponível em: https://lunetas.com.br/tempo-livre-e-silencio-o-poder-do-ocio-na-vida-das-criancas/. Acesso em: 4 abr. 2023.

PROPOSTAS DE ATIVIDADES

Comecei o ano assim...

Cole abaixo uma fotografia atual de seu filho.

Nikolaeva/Shutterstock.com

O que já sei fazer sozinho?

Escreva abaixo algumas conquistas recentes de seu filho.

_____
_____
_____
_____
_____

3 A IMPORTÂNCIA DO BRINCAR

Brincar é essencial para o desenvolvimento da criança; contudo, atualmente, as crianças estão brincando cada vez menos. Os fatores que levam a isso são diversos: excesso de atividades extracurriculares, confinamento em pequenos espaços, avanço da tecnologia, violência nas ruas etc.

É importante criar momentos no dia a dia da criança em que ela tenha espaço e tempo para brincar livremente e explorar o ambiente.

Outra questão importante que vale a reflexão dos pais é a associação do brincar com a compra de brinquedos. Para brincar, a criança não precisa de brinquedos caros e muito estruturados; pelo contrário, quanto mais simples o ambiente e os objetos disponíveis para o brincar, mais a criança utiliza sua imaginação e criatividade e inventa brincadeiras.

Para ler e se inspirar

Detone este livro com seu filho, de Marcos Mion (Fontanar, 2019).
Deixe o celular e as preocupações de lado e dê o melhor presente para seus filhos: tempo de qualidade para passarem juntos. O autor *best-seller* Marcos Mion lança um desafio para todos os pais: passar mais tempo de qualidade com os filhos apenas brincando e curtindo. Para ajudar na tarefa, ele reuniu 46 atividades lúdicas e 20 adivinhas que vão levar pais e filhos a se divertirem com corridas, *origamis*, desenhos, cartas e jogos, tudo regado com muito *ketchup*.

Entenda os riscos e saiba como evitar o sedentarismo infantil

Crianças que não praticam atividades físicas podem tornar-se adultos com problemas de saúde. Para prevenir, pais devem orientar hábitos dos filhos.

O sedentarismo infantil costuma ser a causa de sérios danos à saúde, que podem se refletir na vida adulta. Os dados sobre obesidade infantil são alarmantes. Um estudo apresentado no 5º Congresso Internacional de Atividade Física e Saúde Pública, em 2015, mostrou que, em média, 39% das crianças estão acima do peso no mundo inteiro. Um alerta para os pais e familiares. [...]

Dicas de como prevenir o sedentarismo infantil

1. **Seja o exemplo.** Faça de seus hábitos pessoais o exemplo que você quer que seus filhos sigam. As crianças vão entender aquilo como algo normal para a vida, não uma obrigação somente dele.

2. **Não brigue nem obrigue, apenas convença.** Não adianta tentar forçar a barra, pois poderá gerar uma aversão às atividades físicas na criança. Dialogue, converse, convença e divirta-se com seus filhos.

3. **Leve as crianças para passear ao ar livre.** Faça com que elas sintam prazer em correr por espaços abertos e seguros como parques, por exemplo. Criança acostumada apenas a locais fechados (como os *shoppings*) tende a limitar sua forma de se movimentar.

4. **Crie um ambiente divertido.** Este é o objetivo de qualquer atividade na infância e deve reger também os programas feitos em família. O prazer destes momentos ficará gravado na memória emocional, e as atividades físicas serão sempre uma forma de revivê-los.

5. **Imponha limites.** Não deixe que os filhos definam o período pelo qual estarão diante da TV ou de outras tecnologias (*smartphones*, *tablets* etc.), pois os atrativos destes equipamentos são enormes e isso levará ao sedentarismo.

6. **Pense na possibilidade da iniciação esportiva.** Aulas de natação, escolinha de futebol ou qualquer outra atividade ligada a um esporte. Ainda que no futuro as crianças não venham a ser atletas de alto rendimento na disputa por troféus e medalhas, os ganhos para a saúde são inúmeros.

ENTENDA os riscos [...]. *A Revista da Mulher*, Paris, 13 fev. 2017. Disponível em: www.arevistadamulher.com.br/faq/27393-entenda-os-riscos-e-saiba-como-evitar-o-sedentarismo-infantil. Acesso em: 5 abr. 2023.

PROPOSTAS DE ATIVIDADES

Tempo juntos

Cozinhar juntos é uma das experiências mais significativas que pais e filhos podem viver. O preparo e degustação do alimento é uma excelente oportunidade de conexão com o outro e desenvolvimento de bons hábitos – daí a importância de aproveitar para reunir a família nesses momentos.

Propomos aqui que convidem as crianças para fazer pão. Aceitam o desafio?

Pão Mitanga em Família

Ingredientes:

- 400 g de farinha de trigo integral;
- 600 g de farinha de trigo branca;
- 40 g de fermento;
- 20 g de sal;
- 80 g de manteiga derretida;
- 550 ml de água;
- 1 pitada de açúcar.

Modo de fazer

1. O primeiro passo é dissolver o fermento em água morna com uma pitada de açúcar e outra de amor. Depois, misturar a farinha, o sal e o fermento. Por último, colocar a manteiga misturada com muito carinho.
2. Hora de colocar a mão na massa, literalmente! Sovem a massa por 10 a 15 minutos, amassando bem e observando a mágica acontecer com o uso de suas mãos.
3. Bom, agora vocês e a massa descansam por 20 minutos.
4. Em seguida, voltem a sovar a massa por mais 10 minutos ou até ela ficar bem lisinha.
5. Coloquem a massa em formas de pão untadas e polvilhadas com farinha de trigo e pó de gratidão.
6. Esperem a massa dobrar de tamanho. Isso leva mais ou menos 40 minutos; vai depender da temperatura ambiente. Nesse momento, aproveitem para desfrutar da arte da paciência e da contemplação. Uma opção é se distrair cantando, dançando, conversando e o que mais vocês tiverem vontade de fazer.
7. Por fim, façam talhos com uma faca na massa e levem ao forno quente (200°) por 45 a 60 minutos.
8. Quando o pão estiver pronto, convidem todos da família para sentir o cheirinho e saborear esse alimento preparado com tanto amor por vocês.

Bom apetite!

Como foi a produção do pão na sua casa? Escreva abaixo um texto ou poema com a ajuda de seu filho.

_____
_____
_____
_____
_____

Agora, cole abaixo uma foto desse delicioso momento em família. Se preferir, façam um desenho juntos.

4 PEQUENOS CIENTISTAS

Aos 5 anos, o mundo é um campo inesgotável de experiências a serem exploradas. As crianças anseiam ver, tatear, cheirar, sentir o gosto, ouvir o som de tudo que as rodeiam. Nessa idade, ainda têm sensibilidade aflorada e capacidade de se assombrar diante do banal. Tudo causa espanto ou encantamento: uma aranha, um formigueiro, uma concha de caramujo, uma flor desabrochando, o zunir das cigarras, o arco-íris, o corpo do colega, a Lua.

Pesquisas em neurociência apontam a importância de encorajar essa curiosidade natural da criança. Uma pergunta respondida de maneira inteligente e sensível por um adulto é o trampolim para o surgimento de novas perguntas e a condição para que a criança cultive o desejo pelo conhecimento. Cabe a nós, pais e educadores, cuidar para que essa chama não vá se apagando ao longo dos anos.

A criança é naturalmente um ser muito curioso, que está sempre buscando respostas para aquilo que observa e vivencia no dia a dia.

Para ler

Educar na curiosidade: a criança como protagonista da sua educação, de Catherine L'Ecuyer (Fons Sapientiae, 2016).

A autora oferece caminhos para que pais e professores saibam respeitar o desenvolvimento natural infantil, por meio do despertar da curiosidade, do instigar para o aprendizado.

▶ Perguntas de criança

O projeto "Universidade das Crianças", da UFMG, tem por missão induzir a aproximação entre crianças e o universo científico de uma forma lúdica. São coletadas perguntas infantis que se transformam em textos e animações. Veja abaixo algumas dessas perguntas.

Passarinho chora? Se sim, como isso acontece?

O choro é uma maneira que temos de mostrar que tem algo errado conosco. A gente chora quando está triste, com alguma dor, muito alegre, emocionado, com muuuita raiva... e muitas dessas vezes o choro vem com muitas lágrimas.

Os pássaros, assim como nós, humanos, possuem as chamadas glândulas lacrimais. Essas glândulas é que produzem a lágrima. Só que a lágrima não serve apenas para molhar nossos olhos quando estamos chorando. Elas servem para proteger os olhos de qualquer coisa estranha que entre neles. A lágrima não tem apenas água, sal e açúcar como o soro caseiro. Ela tem anticorpos e outras substâncias para evitar que tenhamos infecções quando um vírus ou bactéria ou mesmo uma poeirinha chata entra nos nossos olhos. Nos passarinhos a lágrima também serve para proteção. Mas os cientistas acham que quando o passarinho está triste, ele não mostra sua tristeza com lágrimas. Na natureza, os animais conversam de maneiras diferentes uns com os outros. O canto dos pássaros pode parecer triste para nós, mas só mesmo sendo um passarinho para entender se ele está chorando ou não.

PASSARINHO chora? [...]. *Universidade das Crianças,* Belo Horizonte, [2017?]. Disponível em: www.universidadedascriancas.fae.ufmg.br/perguntas/passarinho-chora-se-sim-como-isso-acontece/. Acesso em: 5 abr. 2023.

Por que temos meleca no nariz?

[...] Nós temos meleca porque precisamos dela!

Ela serve como um filtro para o ar que respiramos, principalmente se você vive em uma cidade poluída, como Belo Horizonte. Na meleca ficam grudadas partículas de poeira e poluição, que podem causar alergias e outras doenças. Quando há

uma infecção, seja por um vírus ou por uma bactéria, a produção de meleca aumenta para tentar eliminar esses invasores. Dessa forma, de vez em quando é preciso removê-la para que ela não atrapalhe a nossa respiração.

Então nada de comer meleca, hein? Ao fazer isso você estará levando para dentro do seu organismo bactérias, vírus e outros microrganismos, além de muita poeira!

[...] Agora sabemos que, apesar de um pouco nojenta, a meleca é muito importante para a nossa saúde, pois ela é um mecanismo que nosso corpo usa para se defender.

Interessante, não acharam?

POR que temos [...]. *Universidade das Crianças,* Belo Horizonte, [2017?]. Disponível em: www.universidadedascriancas.fae.ufmg.br/perguntas/por-que-temos-meleca-no-nariz/. Acesso em: 5 abr. 2023.

Por que não posso ser herói?

[...] Quando pensamos em heróis, logo vêm a nossa cabeça aqueles personagens imaginários que possuem superpoderes como atravessar paredes, ler mentes, voar, visão raio X e superforça. Eles usam suas habilidades para lutar contra as ameaças e proteger as pessoas do perigo e, quando assistimos filmes ou lemos histórias sobre eles, dá muita vontade de sair por aí salvando o mundo, não é mesmo?

Mas será que ao invés de encararmos lutas pesadas contra vilões perigosos, existem outras maneiras de sermos heróis? Sim! Basta realizarmos ações simples que contribuem para o bem-estar de todos. Assim conseguiremos ser heróis de verdade!

E isso não é uma tarefa difícil, quer ver? Cooperar com os pais nas tarefas de casa; cuidar dos animais; economizar água; não jogar lixo no chão; cuidar dos nossos coleguinhas quando eles precisarem e respeitar todas as pessoas são atitudes que nos fazem ser heróis!

Além disso, existem aqueles outros heróis que não usam capas e não estão nos quadrinhos: são os nossos pais, professores e pessoas que cuidam da gente! São eles que nos ajudam, nos protegem e nos dão lições valiosas para toda a vida!

Sendo assim, existem várias maneiras de sermos heróis, basta deixar a bondade nos guiar! Então [...] você pode sim ser herói! E da vida real, o que é ainda mais legal.

POR que não [...]? *Universidade das Crianças*, Belo Horizonte, [2019?]. Disponível em: www.universidadedascriancas.fae.ufmg.br/perguntas/por-que-nao-posso-ser-heroi/. Acesso em: 5 abr. 2023.

Para ler

Pequenas histórias para grandes curiosos, de Marie-Louise Gay (Brinque-Book, 2018).

O que você vê quando fecha os olhos? Você conhece alguém invisível? Sabe o que há na toca do coelho? E que os caracóis recebem visitas em suas conchas? Por que os gatos atacam poltronas? Esse livro nos leva a uma jornada de perguntas e descobertas que nascem da grande curiosidade dos pequenos leitores.

PROPOSTAS DE ATIVIDADES

Quais foram as perguntas mais "cabeludas" que seu filho já fez a vocês? Escrevam algumas delas abaixo.

_____
_____
_____
_____
_____

> Mulheres cientistas se destacaram ao longo de toda a história; porém, mesmo com invenções e descobertas que revolucionaram a maneira como vemos o mundo, elas compõem apenas 28% do cenário mundial da ciência, segundo dados da Unesco de 2018.
>
> Jornal da USP (5/2/2020).

De que forma vocês acham que é possível, desde a infância, contribuir para que as crianças ocupem cargos de cientistas em nossa sociedade? Escrevam abaixo.

_____
_____
_____
_____
_____
_____

5 UM DIFERENTE

A criança não aprende somente no ambiente escolar. Durante a primeira infância (período que vai do nascimento aos 6 anos), ela faz conexões cerebrais o tempo todo. Todos os estímulos sensoriais, motores e cognitivos contribuem para a realização dessas conexões.

Aprende-se o tempo todo e em todos os lugares; por isso, quanto mais vivências a criança tiver, maior as possibilidades de ampliar os aprendizados.

Passear ao ar livre, conhecer uma fazenda, andar de bicicleta, ir ao cinema, teatro, museus, bibliotecas... Opções não faltam!

A sugestão é que vocês planejem um dia diferente para toda a família – um dia para cultivar valores verdadeiros, cheio de intenção, presença, interações, brincadeiras, diversão, um dia para ficar nas boas lembranças do tempo de ser criança.

Coisas legais para fazer nas férias com as crianças

Enfim as tão sonhadas férias chegaram e os pequenos estão superanimados para se divertir o quanto puderem! Entretanto, a família tem que arregaçar as mangas, soltar a criatividade e se virar nos trinta para entrar no clima da criançada que está cheia de energia. Pois é! Nem sempre férias significam descanso para quem tem criança pequena em casa. Além de, em muitos casos, as férias dos pais não coincidirem com as dos filhos. Por isso, para aqueles que conseguem uns dias de folga, surge o desafio de distrair e ocupar o tempo dos pequenos durante o recesso. Mas calma... Se você não vai viajar e precisa urgentemente de ajuda para a diversão em casa, nós podemos ajudar. [...]

1. Visitar um amigo ou familiar querido

Que tal tirar uma tarde para visitar um amigo querido, a vovó, os tios ou a dinda? Assim, vocês podem tomar um café e matar a saudade. Afinal, nada mais gostoso do que passar o tempo com pessoas que amamos, não é?

2. Ir à biblioteca da cidade

Se vocês já têm o hábito de frequentar a biblioteca, basta escolher uma história bem legal para ler em casa com a família! Entretanto, caso nunca tenham visitado, é uma boa oportunidade para conhecer a biblioteca da cidade. Leitura nunca é demais!

3. Fazer uma sessão cinema

Vocês podem escolher os filmes favoritos do seu pequeno e fazer uma maratona de filmes! Então, é só preparar a pipoca e começar o cineminha! [...]

4. Desenhar e pintar

Hora de soltar a criatividade! Portanto, peguem lápis, papel, giz, tinta e tudo que tiverem em casa para brincar de artista.

[...]

5. Criar um brinquedo

Ainda na pegada "faça você mesmo", que tal fabricar um brinquedo com embalagens recicláveis? [...]

6. Fazer uma horta caseira

Essa é outra ideia superlegal! Além de passar um tempo com seu pequeno, fazer uma horta caseira traz muitos benefícios para ele e toda a família!

7. Cozinhar

Vocês podem escolher uma receita ou, até mesmo, fazer uma por dia! *Pizza*, bolo, sanduíches, panquecas! Assim, você vai descobrir que cozinhar com os pequenos pode ser um passatempo mais divertido do que você imagina! [...]

8. Dia da faxina

Ajudar nas tarefas domésticas é muito importante para o desenvolvimento do seu pequeno. Então, que tal unir o útil ao agradável e transformar o momento da faxina em pura diversão? Vale, também, colocar música e fazer brincadeiras enquanto deixam tudo bem limpinho!

9. Acampamento em casa

No quintal com barracas e lanternas, ou até mesmo na sala de casa com edredons e travesseiros. Com um pouco de imaginação, esse acampamento vai ser a maior aventura! [...]

10. Fazer um passeio ecológico

Além de divertido e saudável, vocês podem aproveitar para conhecer um lugar bem bonito da cidade, como parques e trilhas!

[...]

11. Começar uma coleção

Pode ser figurinhas, cartões, adesivos ou o que preferirem! Afinal, quem não adorava colecionar itens e objetos na infância?

12. Fazer um *tour* pela cidade

Vocês podem ir a lugares que nunca foram ou voltar aos seus lugares favoritos da cidade! Até o próprio trajeto já será divertido, seja de carro, a pé, bicicleta, metrô ou ônibus.

13. Fazer um desfile de modas

Que tal pegar as roupas do armário e fazer diferentes e divertidas combinações? Também pode ser muito engraçado!

14. Montar uma peça de teatro

Vocês podem criar uma história e interpretá-la de maneira divertida! Inclusive com direito a personagens, fantasias e cenários.

15. Contação de histórias

Outra ideia é pegar os livros favoritos do seu pequeno e fazer uma contação de histórias! Um pode contar a história para o outro! [...]

16. Fazer um *karaokê*

Cantar é sempre uma delícia! Por que não fazer um *karaokê* com as músicas preferidas?

17. Personalizar roupas

Que tal pegar aquelas roupas que estão esquecidas há algum tempo e customizá-las? Para isso vale pintar, cortar ou enfeitar com brilhos e fitas!

18. Piquenique

Vocês podem preparar lanchinhos gostosos e saudáveis e escolher um lugar bem bonito e agradável para fazer um piquenique. Também vale o quintal de casa!

19. Fazer artesanatos decorativos

Com um pouco de criatividade, vocês podem fazer enfeites para deixar os cômodos da casa com a cara da família também!

20. Pista de dança

Vocês vão ver como a sala de casa pode se tornar uma superpista de dança! Para isso, basta arrastar um pouco os móveis e colocar o som na caixa!

21. Fazer fantoches

Com meias, papel, caixas ou garrafas vocês podem fazer fantoches divertidos para brincar! [...]

22. Tirem fotos

Que tal uma sessão de fotos? Pode ser em casa ou durante algum passeio. Essa é uma ótima maneira de registrar as lembranças das férias.

23. Noite do pijama

Você pode convidar alguns amiguinhos ou os primos do seu pequeno para uma noite do pijama com muitas brincadeiras, filmes e jogos! [...]

OLIVEIRA, Ana Clara. 25 coisas legais para fazer nas férias com as crianças. *In*: OLIVEIRA, Ana Clara. *Blog da leiturinha*. [S. l.], 30 mar. 2020. Disponível em: https://leiturinha.com.br/blog/25-coisas-legais-para-fazer-nas-ferias-com-criancas-2/. Acesso em: 9 maio 2023.

PROPOSTAS DE ATIVIDADES

Montem abaixo um registro de sua família em um dia diferente. Vale colar fotos ou desenhar!

Frame Art/Shutterstock.com

6 ALFABETIZAÇÃO E LETRAMENTO

Sabemos que a aprendizagem é diferente para cada criança e o tempo para aquisição da leitura e da escrita não é o mesmo para todos; porém, normalmente o processo de alfabetização e letramento gera ansiedade nos pais. É muito comum a angústia se traduzir na seguinte pergunta: "Quando meu filho vai ler?". São preocupações compreensíveis neste mundo moderno, onde as crianças são alfabetizadas cada dia mais cedo.

Segundo a Base Nacional Comum Curricular:

> Na Educação Infantil, a imersão na cultura escrita deve partir do que as crianças conhecem e das curiosidades que deixam transparecer. As experiências com a literatura infantil, propostas pelo educador, mediador entre os textos e as crianças, contribuem para o desenvolvimento do gosto pela leitura, do estímulo à imaginação e da ampliação do conhecimento de mundo. Além disso, o contato com histórias, contos, fábulas, poemas, cordéis etc. propicia a familiaridade com livros, com diferentes gêneros literários, a diferenciação entre ilustrações e escrita, a aprendizagem da direção da escrita e as formas corretas de manipulação de livros. Nesse convívio com textos escritos, as crianças vão construindo hipóteses sobre a escrita que se revelam, inicialmente, em rabiscos e garatujas e, à medida que vão conhecendo letras, em escritas espontâneas, não convencionais, mas já indicativas da compreensão da escrita como sistema de representação da língua.
>
> BRASIL. Ministério da Educação. *Base Nacional Comum Curricular*. Brasília, DF: Ministério da Educação, 2017. p. 42.

Assim como os bebês desenvolvem a linguagem oral ao se apropriar de palavras e expressões utilizadas pelas pessoas de seu entorno, as crianças também vão se apropriando da cultura escrita ao conviver em um ambiente em que a família lê bastante. Portanto, é uma ótima sugestão aos pais colocar a criança em contato com diversos gêneros textuais para que ela aprecie o ato de ler e possa se perceber imersa nesse mundo da cultura da escrita.

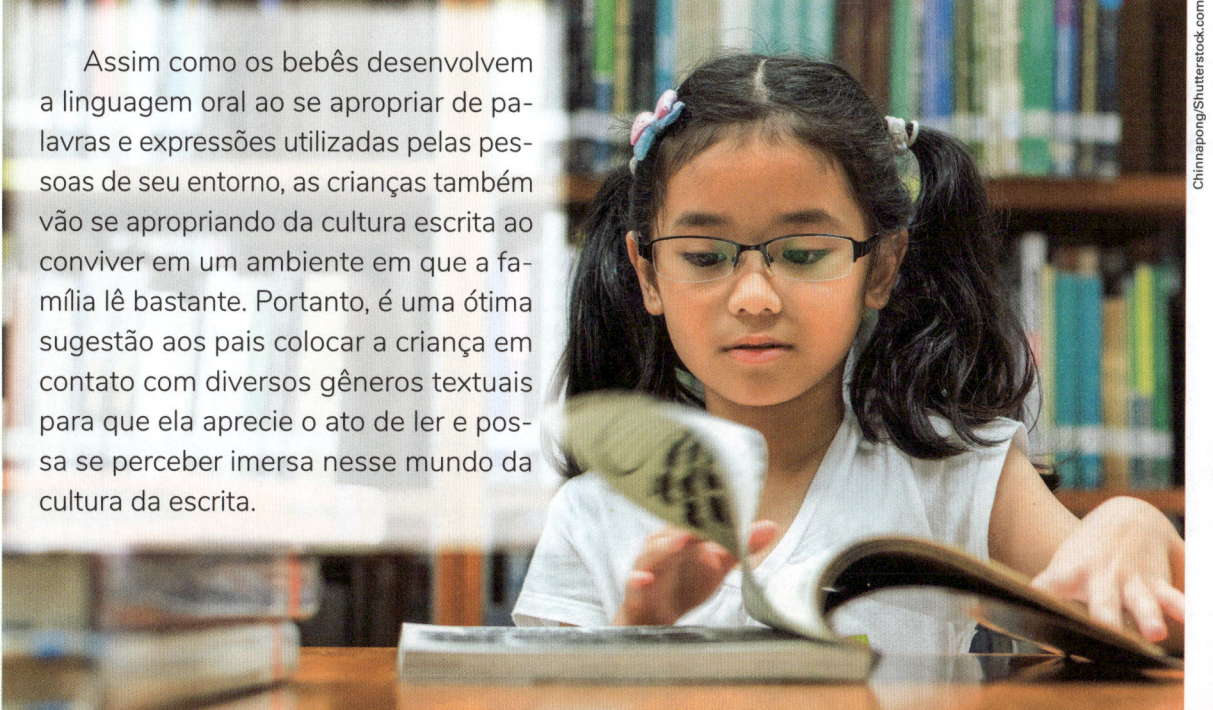

Níveis da escrita – Pré-silábico, silábico, silábico-alfabético e alfabético

Na fase de alfabetização, a criança passa por quatro níveis de escrita. Confira agora quais são esses níveis e como a criança se desenvolve neles.

Emília Ferreiro, uma psicóloga e pesquisadora, estudou por vários anos a teoria de Piaget. Ela buscava entender como um determinado sujeito aprende. O principal foco de suas pesquisas era descobrir se para aprender a escrever, o indivíduo utiliza dos mesmos recursos ativos e criativos estudados por Jean Piaget.

Por isso, nos anos 80, houve uma grande revolução sobre qual o conceito utilizado na hora de aprender a escrever. Em sua primeira obra, a autora relatou que antes mesmo de entrar para alguma escola, a criança já inicia o aprendizado da escrita.

Ferreiro ainda afirma que, a princípio, a escrita é apenas uma representação e que depois passa a ser codificada para a língua materna. Chegou-se então à conclusão de que, na evolução da escrita, a criança passa por algumas fases. Confira agora os níveis da escrita.

1. Nível pré-silábico

No nível pré-silábico, a criança percebe que a escrita representa o que é falado. Geralmente suas reproduções são feitas através de rabiscos e desenhos [...].

2. Nível silábico

No nível silábico, a criança passa a entender que existe uma correspondência entre as letras e o que é falado. Para ela, existe um traço representando o que é falado, mesmo que não seja o correto em relação à Língua Portuguesa. Cada sílaba possui uma letra.

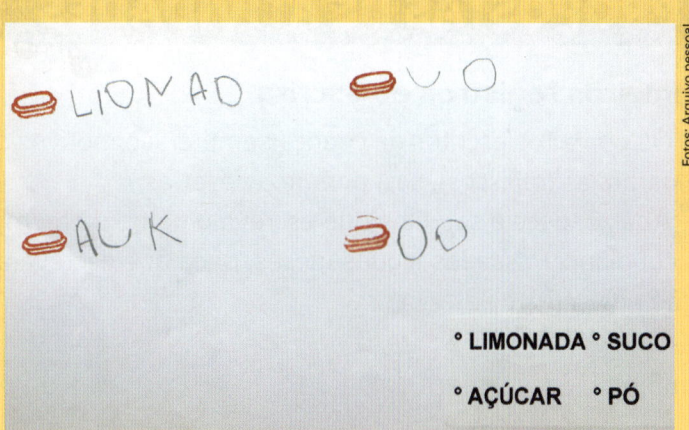

° LIMONADA ° SUCO
° AÇÚCAR ° PÓ

3. Nível silábico-alfabético

No nível silábico-alfabético, a criança passa a entender que as sílabas possuem mais de uma letra. Porém, para entender os fonemas, é importante que a criança também pratique sílabas só com uma letra intercalada com sílabas maiores.

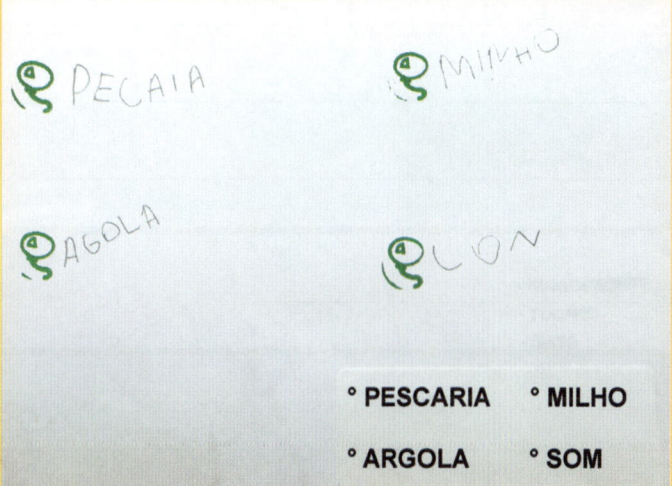

° PESCARIA ° MILHO
° ARGOLA ° SOM

4. Nível alfabético

Nessa última fase, nomeada como nível alfabético, a criança já consegue reproduzir adequadamente todos os fonemas de uma palavra. Ela passa então a perceber o valor das letras e sílabas.

ARAÚJO, Izaura. Níveis da escrita [...]. *Escola Educação*, [s. l.], [20--]. Disponível em: https://escolaeducacao.com.br/niveis-da-escrita/. Acesso em: 5 abr. 2023.

PROPOSTAS DE ATIVIDADES

Primeiros registros de escrita

Os primeiros escritos da criança sempre são motivos de alegria para a família, seja por meio de garatujas (rabiscos), seja por meio de letras.

Abaixo, peça a seu filho que escreva o nome de membros de sua família ou outras palavras do cotidiano. Passados alguns meses, peça que escreva as mesmas palavras e compare a evolução na escrita dele.

Data: _____ / _____ / _____

Data: _____ / _____ / _____

7 EDUCAÇÃO FINANCEIRA E SUSTENTABILIDADE

No ano de 2018, a Base Nacional Comum Curricular (BNCC), reconhecendo a importância do tema, estabeleceu como matéria obrigatória a educação financeira e a educação de consumo. Assim, fica a pergunta: Como podemos fazer para dar uma boa educação financeira para nossos filhos?

Quando as crianças ainda são muito pequenas, temos receio de ensiná-las a lidar com dinheiro. Contudo, os pais precisam entender que eles não serão eternos provedores, e, assim, quanto mais cedo assumirem o papel de mostrar o caminho para que os filhos saibam usufruir de seu dinheiro de forma consciente, melhor.

Diante de um cenário de consumismo desenfreado e irracional, de uma população endividada e de grande parte das pessoas frustrada por não conseguir realizar seus sonhos financeiros, ensinar os pequenos a lidar com dinheiro se torna indispensável – além de ser um desafio.

Para ler

Finanças é coisa de criança!, de Ana Pregardier (Intus Forma, 2018).
Esse é um livro prático, pensado para ser usado por pais ou educadores que queiram ensinar educação financeira a seus filhos. As atividades estão descritas de forma a serem desenvolvidas com crianças de 4 a 6 anos de idade. Ele está disponível para *download* em: www.anapregardier.com.br/wp-content/uploads/2020/04/Financas_e_coisa_de_crianca_para_pais_e_educadores.pdf (acesso em: 9 maio 2023).

Dicas para trabalhar a educação financeira com crianças

Mesada

A mesada ainda é a forma mais famosa e tradicional para inserir os filhos no mundo das finanças.

Ela é uma boa alternativa para ensinar as crianças a administrarem o próprio dinheiro e ajuda principalmente na hora em que forem receber o seu primeiro salário, evitando que gastem tudo por impulso.

Anotar os gastos

Você provavelmente sabe que, quando adulto, uma das principais dicas para se organizar financeiramente é fazer uma planilha e anotar todos os gastos.

Isso também é indicado para crianças!

Encoraje o seu filho a sempre anotar o que gastou de sua mesada para visualizar no fim do mês quanto ele conseguiu economizar. Esse será um aprendizado importantíssimo para o seu futuro e estimulará a criação de uma poupança [...].

Objetivos

Ensine a criança a ter objetivos e estimule-a a realizar os sonhos dela.

Se sua filha deseja ganhar uma boneca, por exemplo, tente incentivá-la a juntar todo o valor ou uma parte dele e compre o brinquedo apenas quando o dinheiro combinado for suficiente.

A criança sentirá na pele o benefício de se organizar, economizar e terá uma recompensa ao realizar um sonho, com o devido planejamento e esforço.

Delegue tarefas

Dê um dinheiro para a criança e peça que ela vá, por exemplo, comprar um lanche e volte com o troco.

Essa simples tarefa ajuda a criança a trabalhar a responsabilidade, se sentir importante e entrar em contato com o mundo das finanças.

Ensine brincando

Ensinar finanças para crianças por meio de brincadeiras é infalível. E você pode fazer isso até mesmo com jogos de tabuleiro.

Ao brincar com as crianças seguindo as regras do jogo, elas aprenderão que há regras a serem respeitadas.

E nada de deixá-los ganhar! Eles precisam aprender que – não só no jogo, mas na vida – às vezes ganharão e às vezes perderão [...].

Deixe errar

E se eles quiserem gastar a mesada com algo que você não concorda?

Tente não se meter no assunto!

Pode ser difícil ver a criança usar o dinheiro de uma forma que você considera que não é a melhor, mas é importante deixá-la fazer suas escolhas por si só.

Mesmo que façam escolhas ruins, isso ajudará a se policiarem melhor das próximas vezes e diminuirá a probabilidade de que cometam os mesmos erros na vida adulta.

LEITÃO, Victor. Entenda como ensinar educação financeira para crianças. *In*: LEITÃO, Victor. *Blog Mobills*. [S. l.], 14 mar. 2018. Disponível em: https://blog.mobills.com.br/educacao-financeira-para-criancas/. Acesso em: 22 maio 2023.

Educação financeira e sustentabilidade caminham juntas

[...] Alguns assuntos, quando não aprendemos desde pequenos, fazem falta durante a vida; educação financeira e sustentabilidade são dois deles. Aspectos como poupar antes de gastar, reaproveitar produtos e conservar o meio ambiente devem ser introduzidos na rotina das crianças, para que, no futuro, tenhamos gerações mais conscientes e sustentáveis.

Os conceitos de ambos os temas estão diretamente relacionados com os 5Rs, a partir dos quais se aprende como simples ações diárias podem reduzir os impactos sobre o planeta. São eles:

- Repensar os hábitos de consumo e descarte.
- Recusar produtos que prejudicam o meio ambiente e a saúde.
- Reduzir o consumo desnecessário.
- Reutilizar ao máximo antes de descartar.
- Reciclar materiais.

[...] Se as pessoas entenderem que se deve repensar o comportamento com relação ao uso do dinheiro, recusar comprar apenas por apelos publicitários, reduzir os impulsos consumistas e começar a reutilizar e reciclar produtos, também haverá reflexo direto nas finanças, havendo uma diminuição dos gastos supérfluos. [...]

Para quem tem filhos, é de extrema importância procurar transmitir esses hábitos a eles, para que cresçam com a noção de responsabilidade social, constituindo uma sociedade mais sustentável – também financeiramente.

DOMINGOS, Reinaldo. Educação financeira e sustentabilidade caminham juntas. *Infomoney*, [s. l.], 5 dez. 2013. Disponível em: www.infomoney.com.br/colunistas/financas-em-casa/educacao-financeira-e-sustentabilidade-caminham-juntas/. Acesso em: 5 abr. 2023.

Para ler

Como se fosse dinheiro, de Ruth Rocha (Salamandra, 2010).

Esse livro pode ser uma lição de responsabilidade sobre o real valor da moeda para a criança. A história se baseia em um dono de lanchonete de uma escola que usa balas e chicletes para dar de troco aos alunos, dizendo que as guloseimas são "como se fosse dinheiro". A narrativa se desenrola quando as crianças passam a acreditar na frase e a levar diversos itens diferentes para pagar os lanches na escola, o que causa desconforto ao proprietário do negócio.

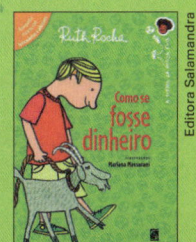

A menina, o cofrinho e a vovó, de Cora Coralina (Global, 2009).

Uma menina e sua avó. Mesmo distantes, que tesouros elas trocam? A história conta como uma avó trabalhadeira recebeu um presente simples e generoso da neta – um presente que ajudou a avó a realizar seu sonho. E, como entre avós e netos a moeda de troca é variada, como será que a avó agradeceu?

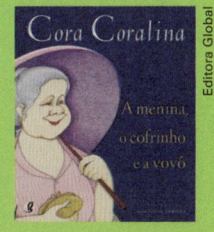

PROPOSTAS DE ATIVIDADES

Que tal convidar seu filho para, juntos, pouparem dinheiro em um cofrinho e depois comprarem uma coisa que desejam muito?

Pensem juntos e respondam:

▼ O que queremos comprar?

_____
_____

▼ Quanto tempo temos para juntar dinheiro?

_____
_____

▼ Como conseguiremos dinheiro?

_____
_____

Desenhem abaixo a conquista de vocês.

REFLEXÃO FINAL: PARA EDUCAR UM FILHO

Era uma sessão de terapia. "Não tenho tempo para educar a minha filha", ela disse. Um psicanalista ortodoxo tomaria essa deixa como um caminho para a exploração do inconsciente da cliente. Ali estava um fio solto no tecido da ansiedade materna. Era só puxar um fio... Culpa. Ansiedade e culpa nos levariam para os sinistros subterrâneos da alma. Mas eu nunca fui ortodoxo. Sempre caminhei ao contrário na religião, na psicanálise, na universidade, na política, o que me tem valido não poucas complicações. O fato é que eu tenho um lado bruto, igual àquele do Analista de Bagé. Não puxei o fio solto dela. Ofereci-lhe meu próprio fio. "Eu nunca eduquei meus filhos...", eu disse. Ela fez uma pausa perplexa. Deve ter pensado: "Mas que psicanalista é esse que não educa os seus filhos?". "Nunca educou seus filhos?", perguntou. Respondi: "Não, nunca. Eu só vivi com eles". Essa memória antiga saiu da sombra quando uma jornalista, que preparava um artigo dirigido aos pais, me perguntou: "Que conselho o senhor daria aos pais?". Respondi: "Nenhum. Não dou conselhos. Apenas diria: a infância é muito curta. Muito mais cedo do que se imagina os filhos crescerão e baterão as asas. Já não nos darão ouvidos. Já não serão nossos. No curto tempo da infância há apenas uma coisa a ser feita: viver com eles, viver gostoso com eles. Sem currículo. A vida é o currículo. Vivendo juntos, pais e filhos aprendem. A coisa mais importante a ser aprendida nada tem a ver com informações. Conheço pessoas bem informadas que são idiotas perfeitos. O que se ensina é o espaço manso e curioso que é criado pela relação lúdica entre pais e filhos". Ensina-se um mundo! Vi, numa manhã de sábado, num parquinho, uma cena triste: um pai levara o filho para brincar. Com a mão esquerda empurrava o balanço. Com a mão direita segurava o jornal que estava lendo... Em poucos anos, sua mão esquerda estará vazia. Em compensação, ele terá duas mãos para segurar o jornal".

ALVES, Rubem. *Ostra feliz não faz pérola*. 2. ed. São Paulo: Planeta, 2014. p. 113-114.

MENSAGEM FINAL DOS PAIS

_____
_____
_____
_____
_____
_____
_____
_____
_____
_____

Mitanga

Integrado

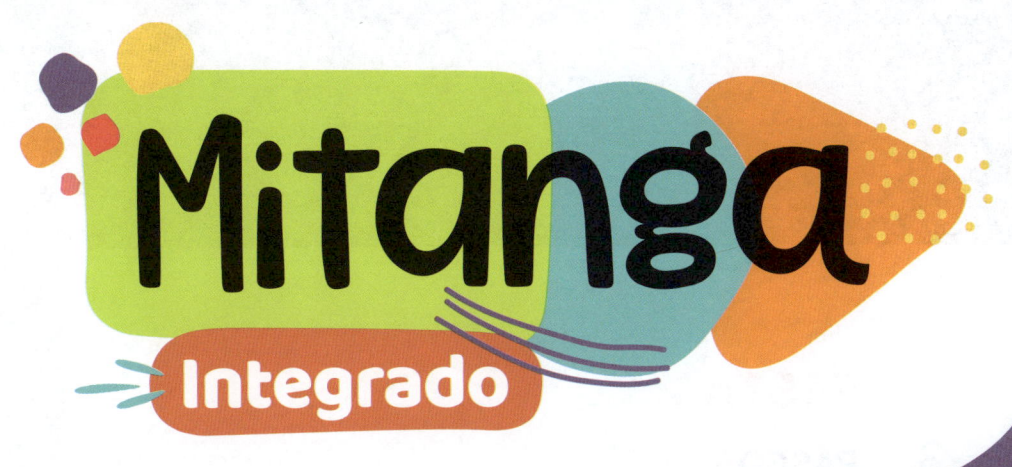

3
EDUCAÇÃO INFANTIL

JOGOS E FESTAS

MITANGA PALAVRA DE ORIGEM TUPI QUE SIGNIFICA "CRIANÇA" OU "CRIANÇA PEQUENA".

Editora do Brasil 80 anos

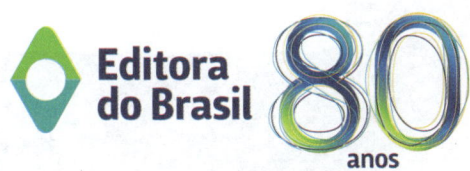

SUMÁRIO

JOGOS

CADA UM EM SEU LUGAR	3
COLOCANDO A CASA EM ORDEM	4
QUEM PODE SER?	5
QUEM VEM DEPOIS?	6
OLHO VIVO	7
OLHO AINDA MAIS VIVO	8
OS VIZINHOS	9

FESTAS

PÁSCOA	10
DIA INTERNACIONAL DA MULHER	11
DIA NACIONAL DA POESIA	13
DIA DOS POVOS INDÍGENAS	15
DIA DO BOMBEIRO	17
DIA DOS AVÓS	18
DIA DO SOLDADO	19
INDEPENDÊNCIA DO BRASIL	20
DIA DA ÁRVORE	21
DIA DA CONSCIÊNCIA NEGRA	22
ENCARTES	23

CADA UM EM SEU LUGAR

▼ Vamos colocar as figuras geométricas planas em seus devidos lugares?

Observe atentamente a cor, as formas e os tamanhos indicados no tabuleiro. Depois, escolha a figura que atende às características correspondentes à combinação de cada linha com cada coluna e coloque-a na casa correta.

Para isso, recorte o ***Kit* figuras geométricas planas** da página 23 e utilize-o nesta atividade.

COLOCANDO A CASA EM ORDEM

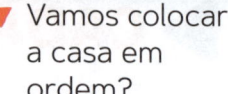

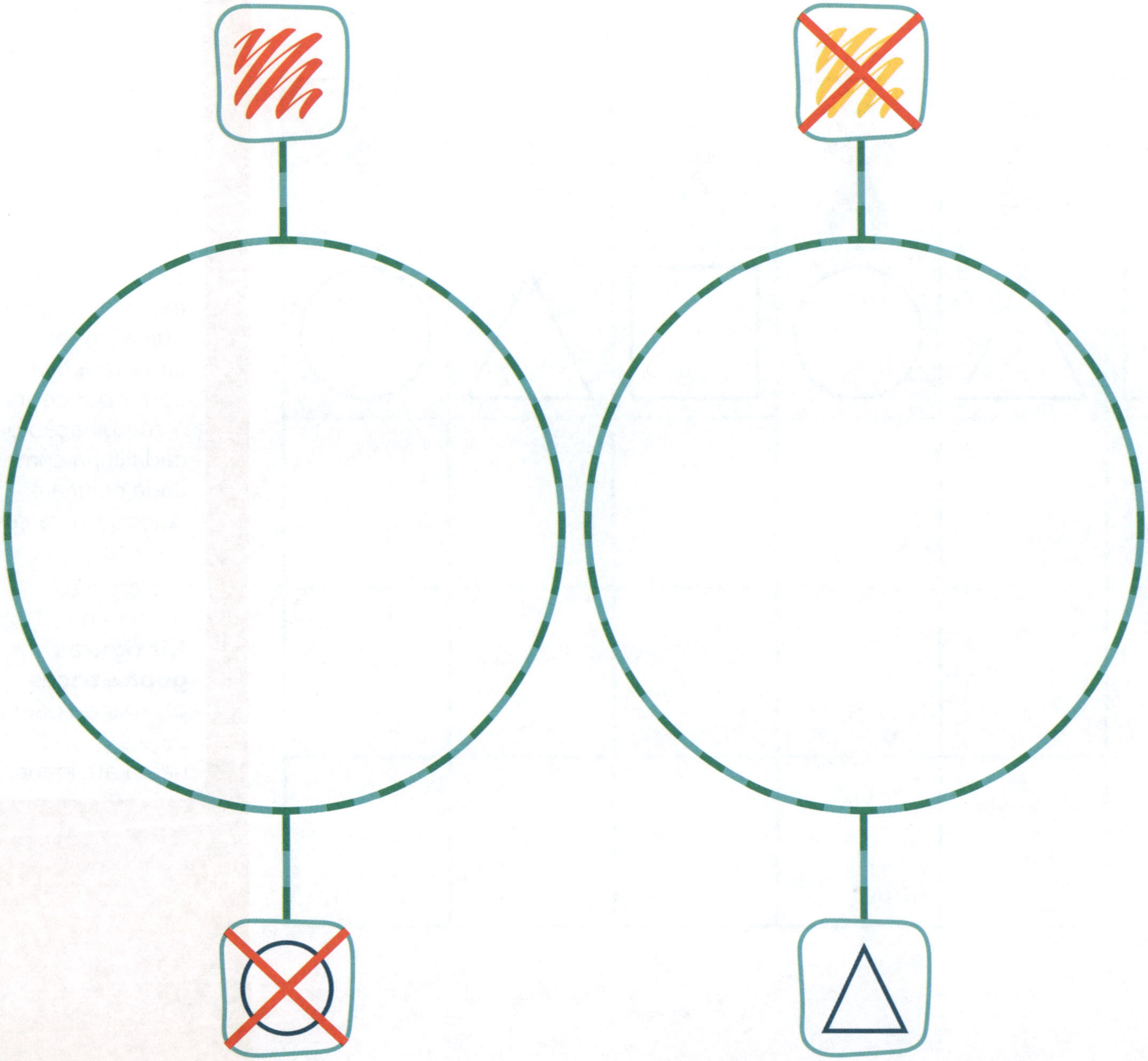

▼ Vamos colocar a casa em ordem?

Observe com atenção as placas que estão junto de cada casa circular. Depois, encontre os moradores de cada uma delas e coloque-os dentro de casa.

Cada casa deve conter somente os moradores que atendem às solicitações das placas indicativas.

Para isso, use seu **Kit figuras geométricas planas**.

QUEM PODE SER?

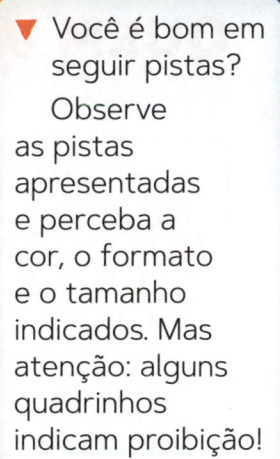

▼ Você é bom em seguir pistas?

Observe as pistas apresentadas e perceba a cor, o formato e o tamanho indicados. Mas atenção: alguns quadrinhos indicam proibição!

Descubra quais figuras geométricas planas têm as características apresentadas em cada sequência de pistas e coloque-as nos espaços corretos.

Para isso, utilize seu **Kit figuras geométricas planas**.

ILUSTRAÇÕES: LUIZ LENTINI E DAE

QUEM VEM DEPOIS?

▼ Quais formas foram utilizadas em cada sequência? E quais cores aparecem nelas?

▼ Qual é a ordem em que cada figura aparece?

▼ Vamos descobrir quem vem depois?

Utilize seu **Kit figuras geométricas planas** e complete as sequências colocando nos quadros as figuras que dão continuidade ao padrão inicial.

Depois, um desafio: crie uma sequência e peça a um colega para continuá-la.

▶ OLHO VIVO

ILUSTRAÇÕES: DAE

▼ Você tem olhos atentos?

Para brincar com este jogo você precisa ter "olho vivo"! Preste muita atenção e concentre-se para não se confundir!

Observe o tabuleiro com atenção e perceba as cores e as combinações apresentadas.

Depois, recorte e monte os **dados personalizados olho vivo** da página 29. Jogue os **dados 1** e **2**, encontre rapidamente no tabuleiro a casa que corresponde à combinação dos atributos sorteados nos dados e marque-a com uma ficha de EVA. Continue jogando até que todas as casas estejam marcadas.

7

▶ OLHO AINDA MAIS VIVO

ILUSTRAÇÕES: DAE

▼ Vamos testar se você tem mesmo olhos atentos?

Observe o tabuleiro com atenção e perceba as cores, as formas e as combinações apresentadas.

Depois, jogue seus **dados personalizados olho vivo**, encontre rapidamente no tabuleiro a casa que corresponde à combinação dos atributos sorteados nos dados e marque-a com uma ficha de EVA. Continue jogando até que todas as casas estejam marcadas.

▶ OS VIZINHOS

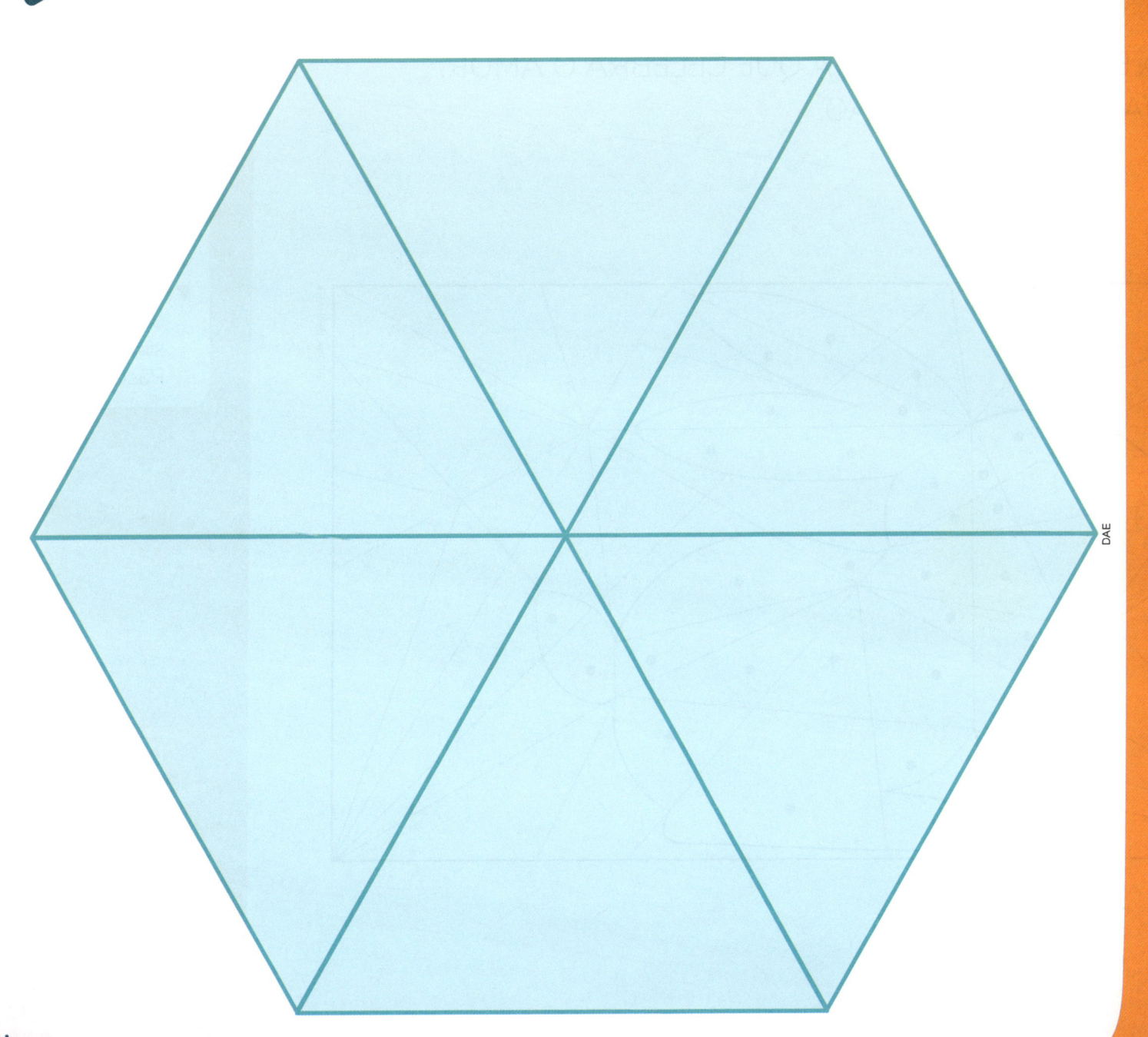

▼ Você conhece seus vizinhos?

▼ Eles são iguais a você?

Neste jogo, os vizinhos que moram lado a lado são iguais, ou seja, têm a mesma quantidade de elementos. Essas quantidades estão representadas por números e desenhos.

Para jogar, recorte as peças da página 31, descubra o local de cada uma delas e encaixe-as no tabuleiro.

Não se esqueça de observar as quantidades representadas em cada lado das peças! Quando completar o tabuleiro, cole nele as peças.

PÁSCOA

A PÁSCOA É UMA FESTA CRISTÃ QUE CELEBRA O AMOR, A FRATERNIDADE E A COMPAIXÃO.

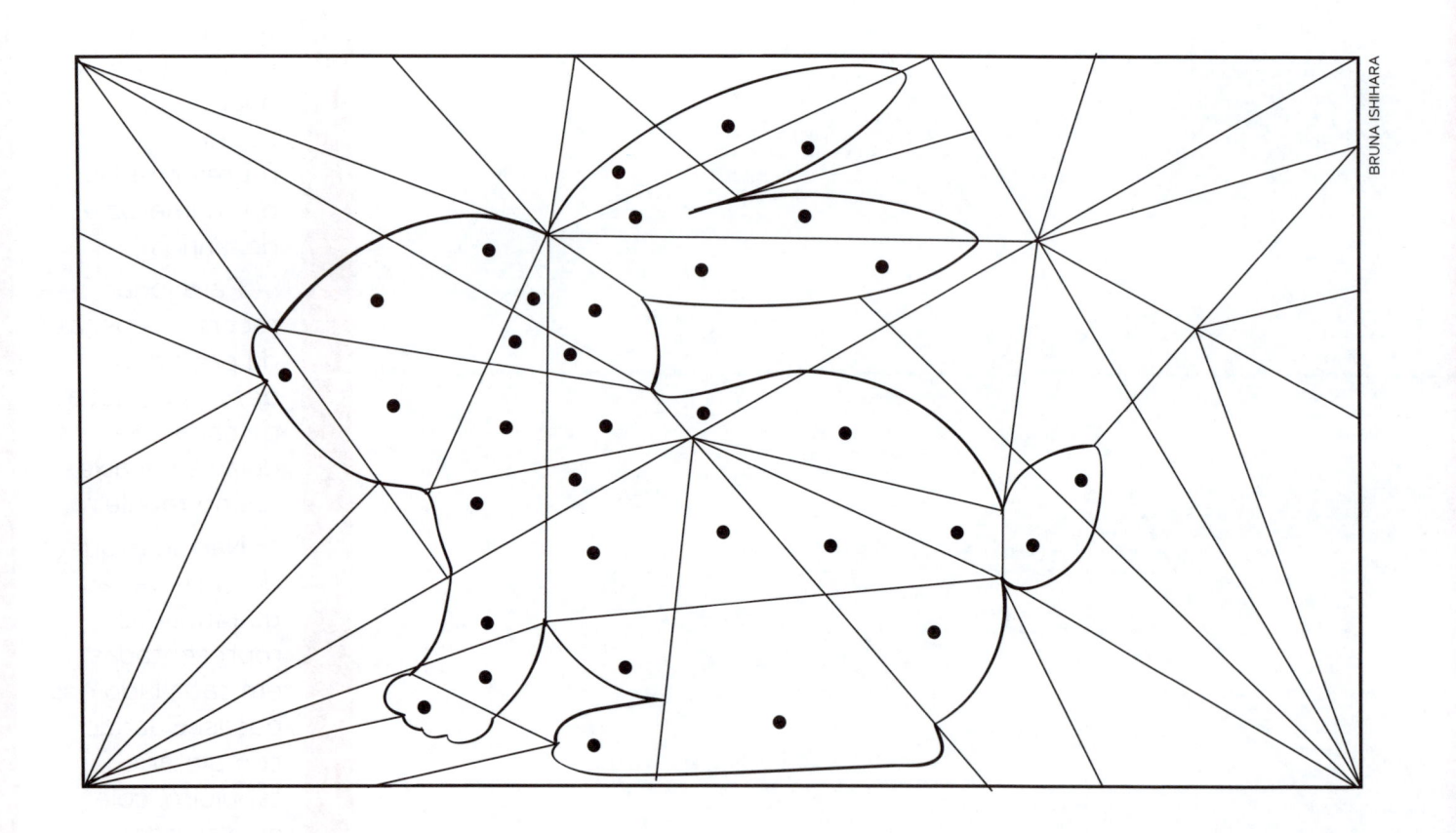

BRUNA ISHIHARA

- ▼ Você e sua família costumam celebrar a Páscoa?
- Pinte os espaços com pontinhos e descubra um símbolo desta data.
- ▼ Você conhece outros símbolos da Páscoa?

DIA INTERNACIONAL DA MULHER – 8 DE MARÇO

ELAS SÃO ADMIRÁVEIS!

▼ Quem são as mulheres que você admira?

▼ O que elas fazem de especial?

Cole no quadro a foto de uma mulher que você admire. Depois, recorte-a e, com a ajuda do professor, monte um mural para homenagear essas mulheres incríveis.

DIA NACIONAL DA POESIA – 14 DE MARÇO

VAMOS FAZER UM VARAL DE POESIA?

▼ Você gosta de poesia?

Vamos apreciar essa linda arte com um varal de poesia.

Escreva um poema dentro da camiseta, pinte-a e recorte-a. Depois, pendure sua poesia no varal da turma.

DIA DOS POVOS INDÍGENAS – 19 DE ABRIL

VAMOS CONHECER A LENDA INDÍGENA QUE CONTA A HISTÓRIA DO GUARANÁ?

- ▼ Você já viu um pé de guaraná?
- ▼ Com que ele se parece?

Ouça a lenda do guaraná e descubra por que ele tem esse formato.

Depois, pinte o pé de guaraná e cole bolinhas de papel crepom **preto** nele.

DIA DO BOMBEIRO – 2 DE JULHO

PARABÉNS ÀQUELES QUE SALVAM VIDAS TODOS OS DIAS!

- Você sabe o que fazem os bombeiros?
- Por que esses profissionais são tão importantes para a sociedade?

Pinte o caminho que leva à saída correta da mangueira e ajude o bombeiro a apagar o fogo.

DIA DOS AVÓS – 26 DE JULHO

VAMOS FAZER BISCOITOS PARA PRESENTEAR OS AVÓS?

BISCOITOS DA VOVÓ

INGREDIENTES:
- 2 XÍCARAS DE FARINHA DE TRIGO;
- 1 XÍCARA DE MARGARINA;
- 3 COLHERES DE SOPA DE AÇÚCAR;
- ESSÊNCIA DE BAUNILHA A GOSTO.

MODO DE PREPARO

MISTURE TODOS OS INGREDIENTES ATÉ FORMAR UMA MASSA FIRME QUE SOLTE DAS MÃOS. FAÇA BOLINHAS E APERTE-AS COM UM GARFO PARA FAZER OS BISCOITOS. COLOQUE-OS EM UMA FORMA UNTADA E LEVE AO FORNO PRÉ-AQUECIDO ATÉ QUE FIQUEM DURINHOS E DOURADOS.

As receitas dos avós são deliciosas!

▼ De qual delícia de seus avós você gosta mais?

Leia a receita com o professor e prepare com os colegas deliciosos biscoitos para seus avós.

Depois, desenhe no quadro como ficaram seus biscoitos.

▼ Seus avós gostaram do presente?

DIA DO SOLDADO – 25 DE AGOSTO

ESTA DATA FOI ESCOLHIDA EM HOMENAGEM A DUQUE DE CAXIAS, MILITAR QUE DEFENDEU O BRASIL EM IMPORTANTES BATALHAS.

> ▼ Você já viu soldados marchando?
>
> Observe os soldados e circule apenas os que estão marchando no sentido contrário.

INDEPENDÊNCIA DO BRASIL – 7 DE SETEMBRO

A INDEPENDÊNCIA DO BRASIL FOI PROCLAMADA POR DOM PEDRO I.

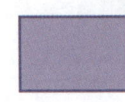

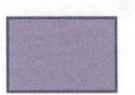

| A ■ | E ▬ | I ⬢ | O ● | U ▲ |

> ▼ Você sabe o que disse Dom Pedro I ao proclamar a Independência do Brasil?
>
> Complete os espaços de acordo com a legenda e descubra.

MARCOS MACHADO

⬢ ▬ ▬ ■   ● ▲ ● ▬

I ND E PEND Ê NCI A   O U M O RT E !

DIA DA ÁRVORE – 21 DE SETEMBRO

A FLORA BRASILEIRA TEM ÁRVORES INCRÍVEIS! VOCÊ JÁ VIU UM MANACÁ-DA-SERRA?

CLAUDIA MARIANNO

O manacá-da-serra é uma árvore bastante curiosa. Suas flores mudam de cor ao longo do tempo: nascem brancas, ficam rosadas e morrem roxas.

Pinte as flores do manacá de **rosa** e **roxo** e deixe algumas em branco para mostrar suas três cores.

DIA DA CONSCIÊNCIA NEGRA – 20 DE NOVEMBRO

OS AFRICANOS QUE AQUI CHEGARAM TROUXERAM SUA CULTURA, SEUS HÁBITOS, SEUS COSTUMES, SUA COMIDA E SUA DANÇA!

FU	BÁ	
CA	FU	NÉ
DEN	DÊ	
MO	LE	QUE
QUI	LOM	BO
CAN	JI	CA
VA	TA	PÁ
CA	PO	EI	RA

_____
_____
_____
_____
_____
_____
_____

> Você sabia que muitas palavras e expressões que fazem parte da língua portuguesa são de origem africana?
>
> ▼ Junte as sílabas e escreva nas linhas as palavras de origem africana. Depois, com os colegas e o professor, pesquise o significado de cada uma delas.

22

▶ **ENCARTES**

PÁGINA 3 – KIT FIGURAS GEOMÉTRICAS PLANAS

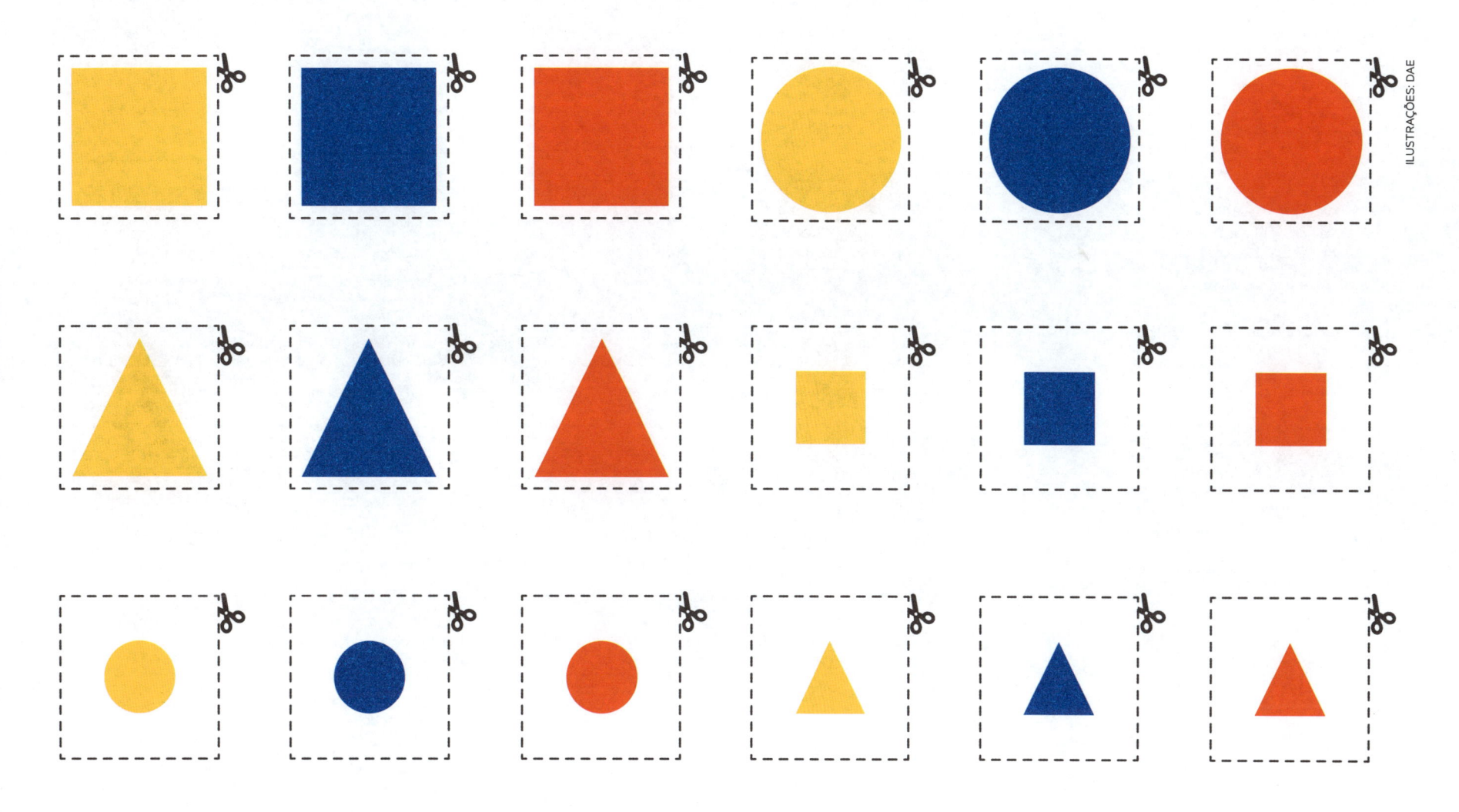

24

PÁGINA 3 – DADOS PERSONALIZADOS

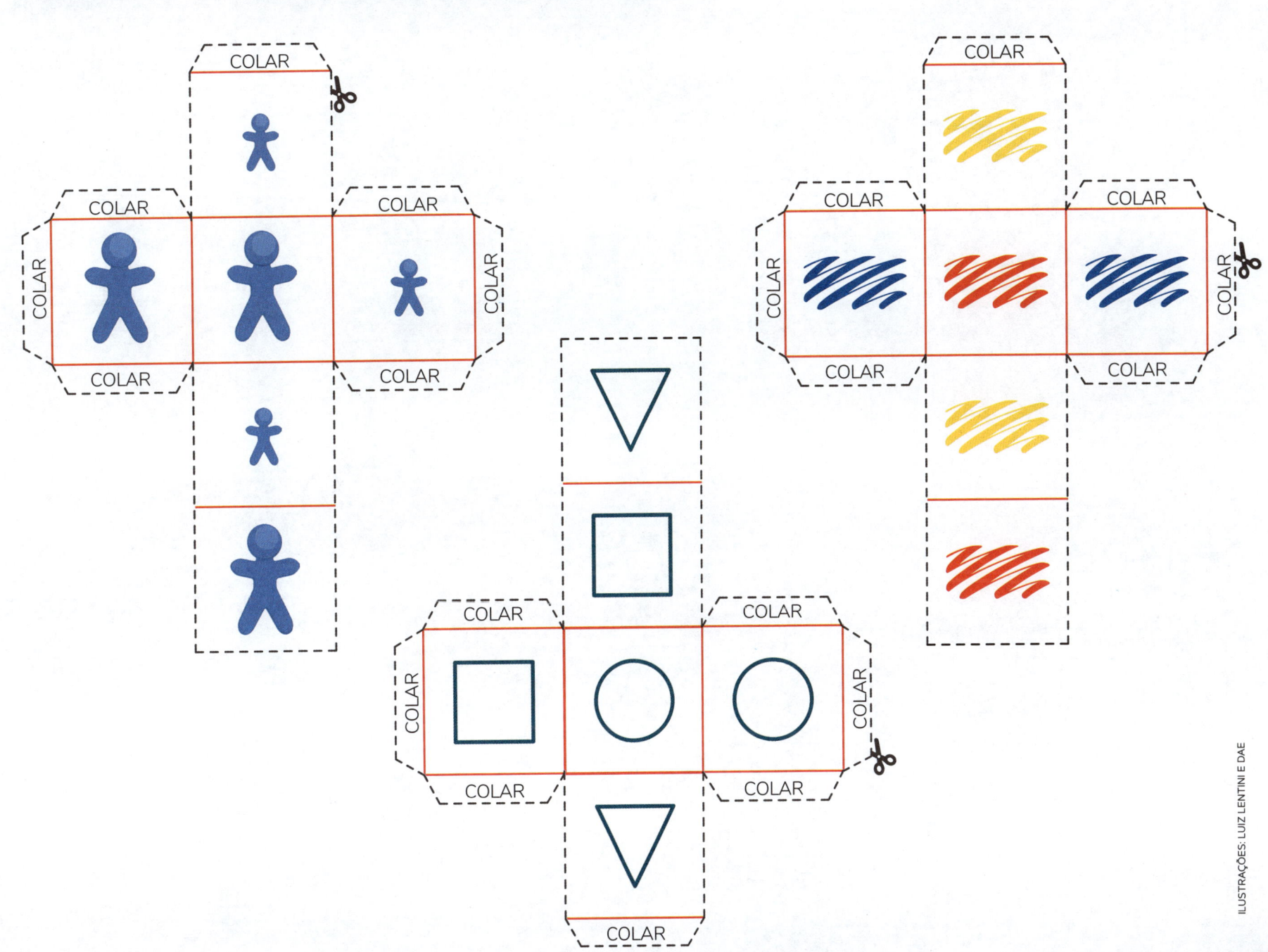

PÁGINA 4 – DADOS PERSONALIZADOS DE NEGAÇÃO

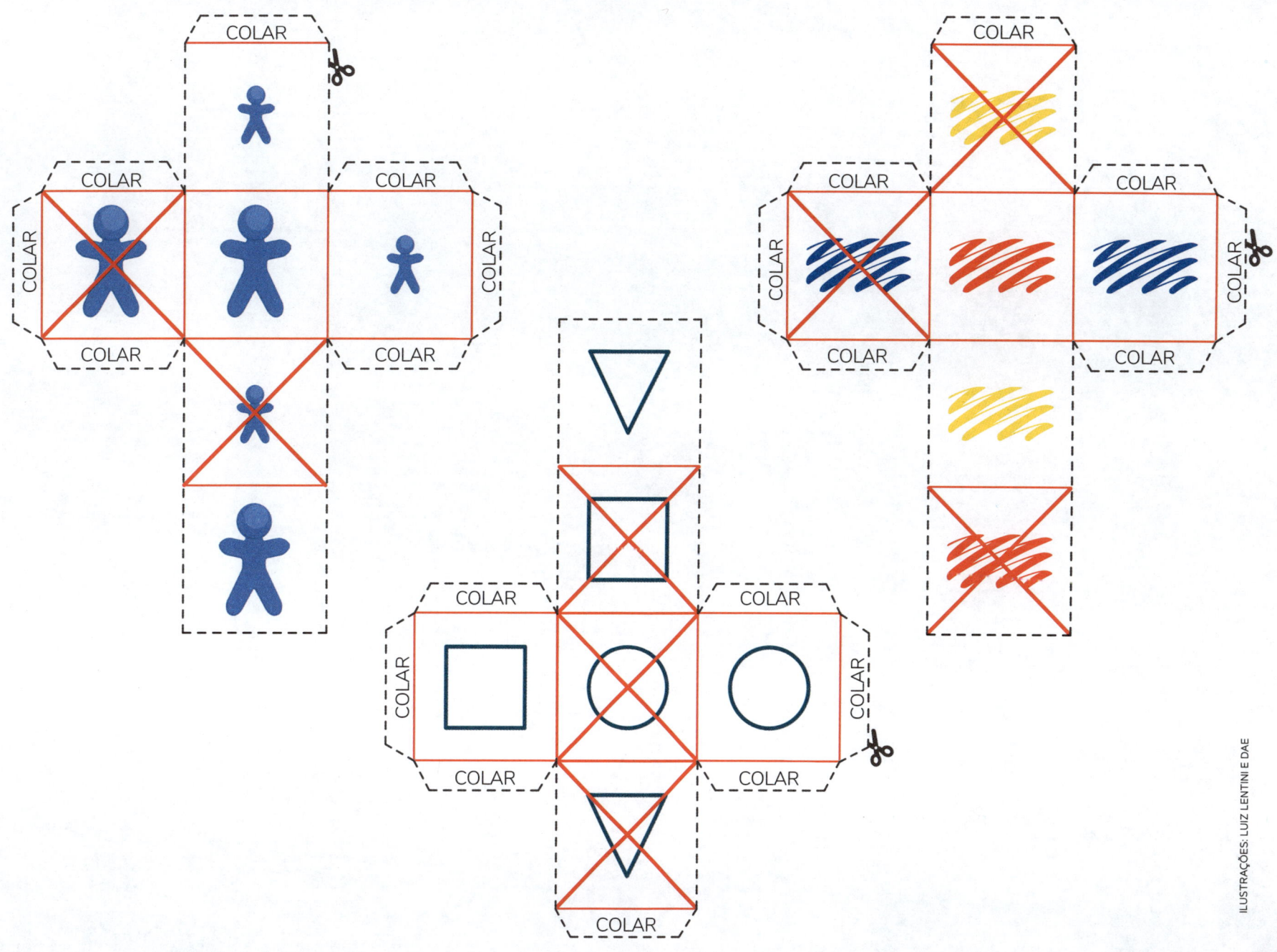

27

PÁGINA 7 – DADOS PERSONALIZADOS OLHO VIVO

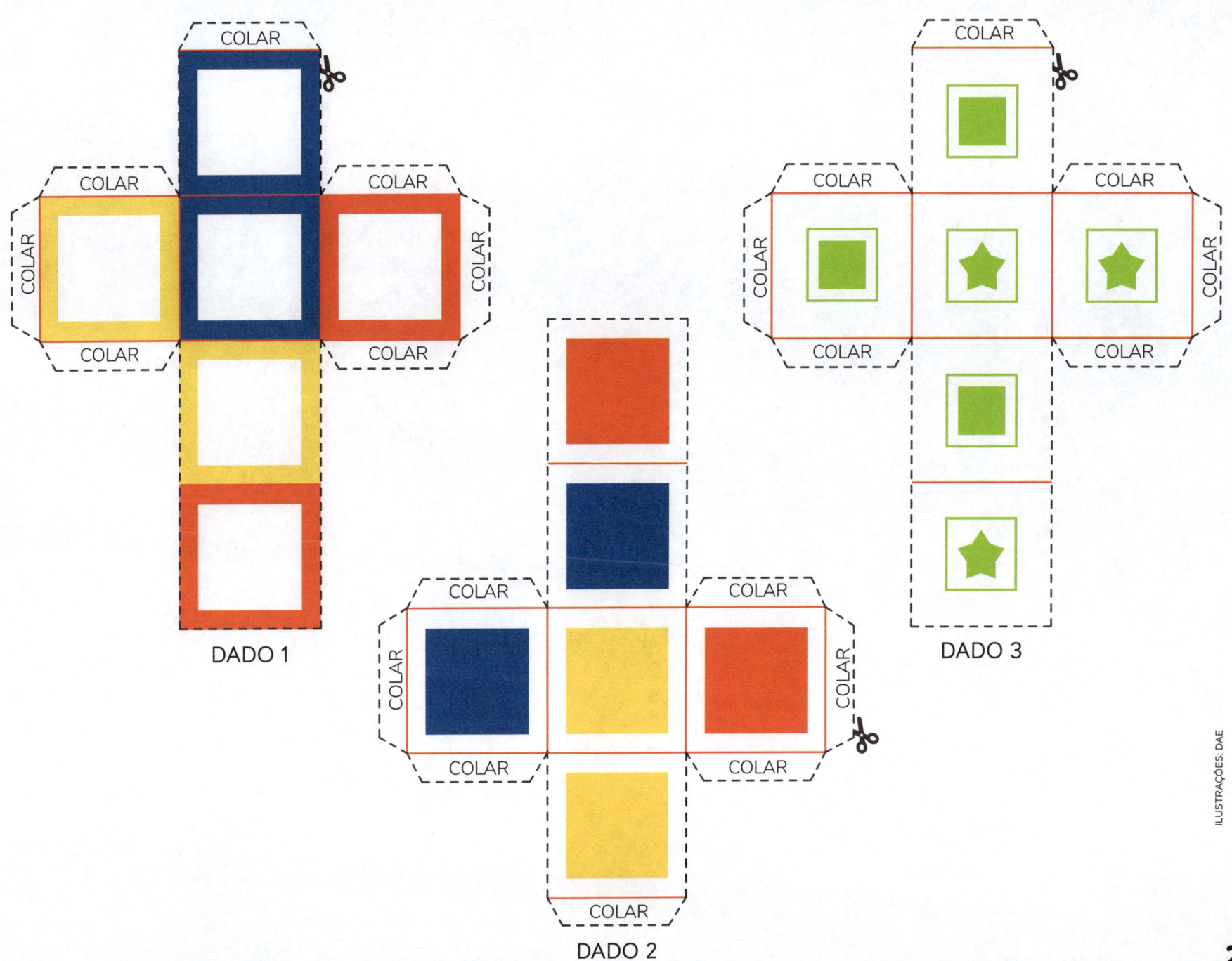

DADO 1

DADO 2

DADO 3

29

30

PÁGINA 9 – PEÇAS DO JOGO "OS VIZINHOS"

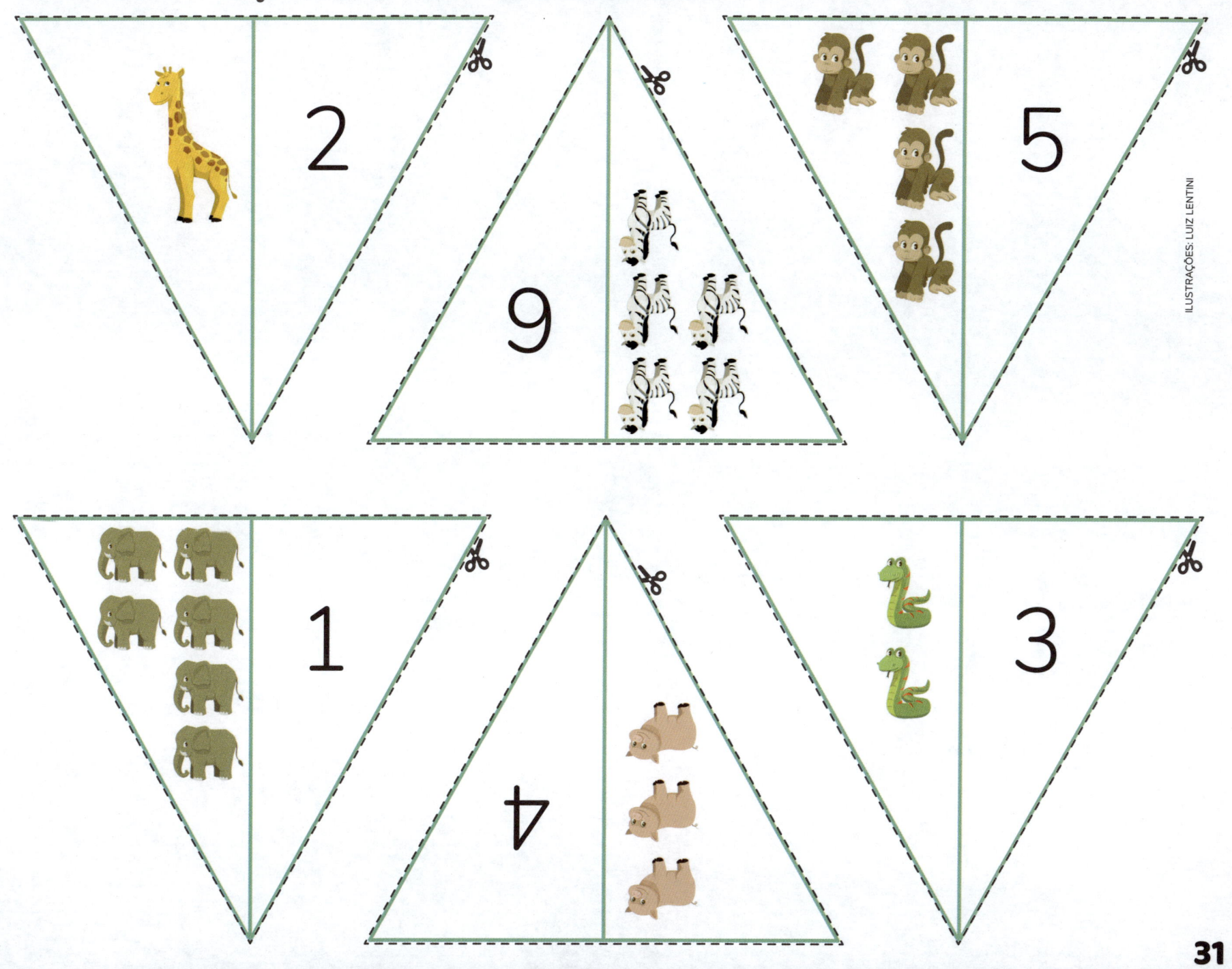

31